Pwy sy'n mwynhau

yn y Pwll Dŵr?

Llyfr lliwio a gweithgareddau ar gyfer plant sydd eisiau gofalu am yr amgylchedd

Coes pwy ydy hon?

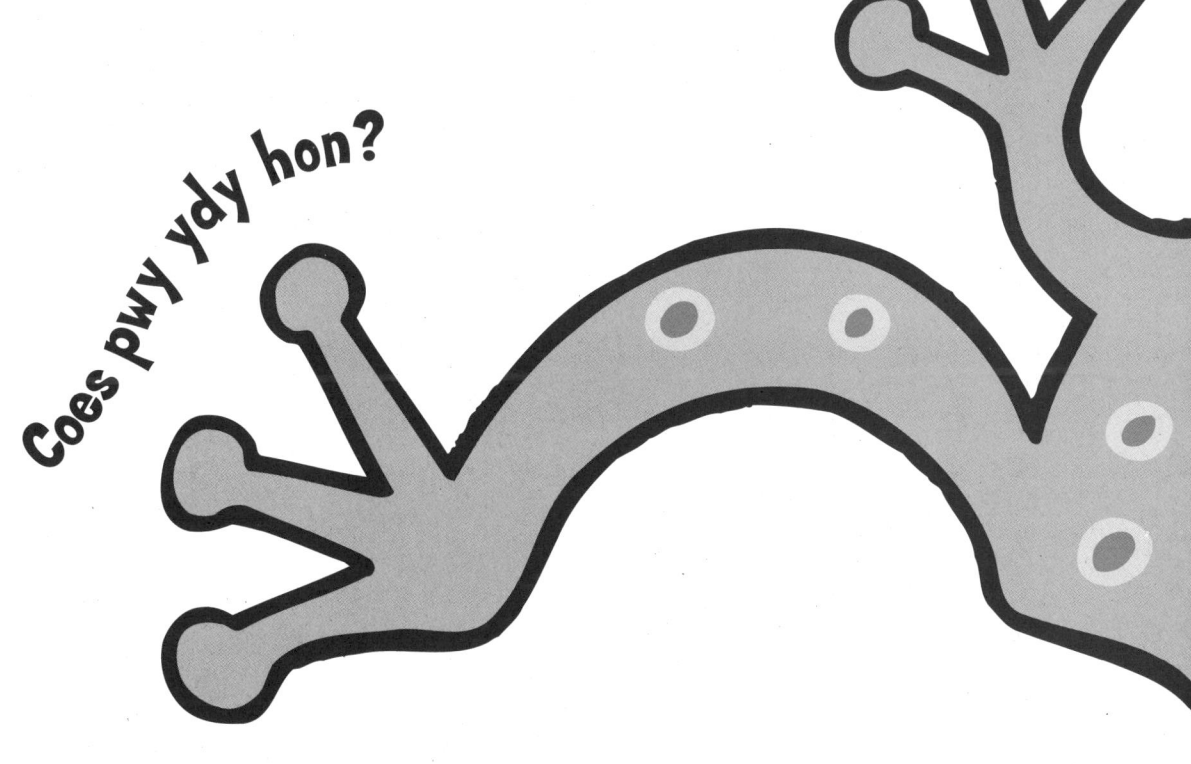

Pam fod y llyfr brown hwn mor, mor wyrdd?

Mae clawr OLION TRAED BACH wedi'i baratoi o fwydion coed sy'n cael eu tyfu mewn fforestydd cynaliadwy. Mae'r tudalennau lliwio a gweithgareddau OLION TRAED BACH wedi eu cynhyrchu'n gyfan gwbl o bapur sydd wedi'i ailgylchu. Mae'r ddau bapur yn gyfeillgar iawn i'r ddaear.

Dŵr ffres y byd

Mae dŵr ffres yn cynnwys pyllau dŵr, llynnoedd ac afonydd. Mae hyd yn oed y dŵr sy'n cynnwys llawer o halen yn gartref i lawer o blanhigion ac anifeiliaid.

Y Llynnoedd Mawr

Afon Mississippi

Afon Nil – yr afon hiraf yn y byd

Afon Amazonas

Llyn Titicaca – y llyn uchaf yn y byd

Amlinellwch a lliwiwch yr afonydd a'r llynnoedd mewn glas.

Mae Llyn Baikal yn cynnwys 20% o ddŵr ffres y byd.

Y Môr Marw – yn cynnwys mwy o halen nag unrhyw fôr arall

Llyn Baikal – y llyn hynaf a'r dyfnaf

Afon Yangtze

Llyn Victoria – llyn mwyaf y trofannau

Llyn Eyre – y llyn yng nghanol y diffeithdir

Pwy sy'n mwynhau yn y pwll dŵr?

dau eryr yn hedfan uwchben yn chwilio am bysgod

dau fflamingo yn bwydo

Gwnewch luniau o anifeiliaid eraill sy'n hoffi sblashio.

dau grocodeil yn stelcian

Ar lan y llyn

Mae llynnoedd dŵr ffres fel Llyn Victoria yn Affrica yn llawn bywyd gwyllt. Ar lan y llyn gallwch weld:

Fflamingos yn sefyll ar un goes hir.

Crocodeil yn sbecian uwchlaw wyneb y dŵr.

Hipos yn cysgu yng ngwres yr haul.

Yr Afon Nîl

Mae'r Afon Nîl yn gorlifo pob blwyddyn. Mae hyn yn gwneud y tir ar hyd glannau'r Afon Nîl yn ffrwythlon. Mae hefyd yn helpu'r bywyd gwyllt. Mae miliynau o adar yn mudo ar hyd yr Afon Nîl o Affrica i Ewrop ac yn ôl pob blwyddyn.

y crychydd gwyn yn mudo

y storc

Beth fyddai'n digwydd os na fyddai'r Afon Nîl yn gorlifo?

dau eryr llwydfelyn

dau belican gwyn

Lliwiwch yr adar a'r haul yn machlud.
Rhowch adlewyrchiad o'r haul ar y dŵr.

Trochi a deifio

Mae anifeiliaid a phlanhigion angen afonydd a llynnoedd glân. Mae'n bwysig fod y dŵr heb ei lygru.

Mae crwban y môr yn trochi yn yr afon.

Mae'r hwyaid yn padlo.

Nofiwch i lawr y ddrysfa gyda'r pysgod. Cofiwch osgoi'r fulfran sy'n eich gwylio ac sy'n ceisio eich dal.

Mae'r eryr tinwyn yn cipio'r pysgodyn o'r dŵr.

Yn y gors

Mae rhai lleoedd ble mae'r tir wedi ei orchuddio â dŵr.

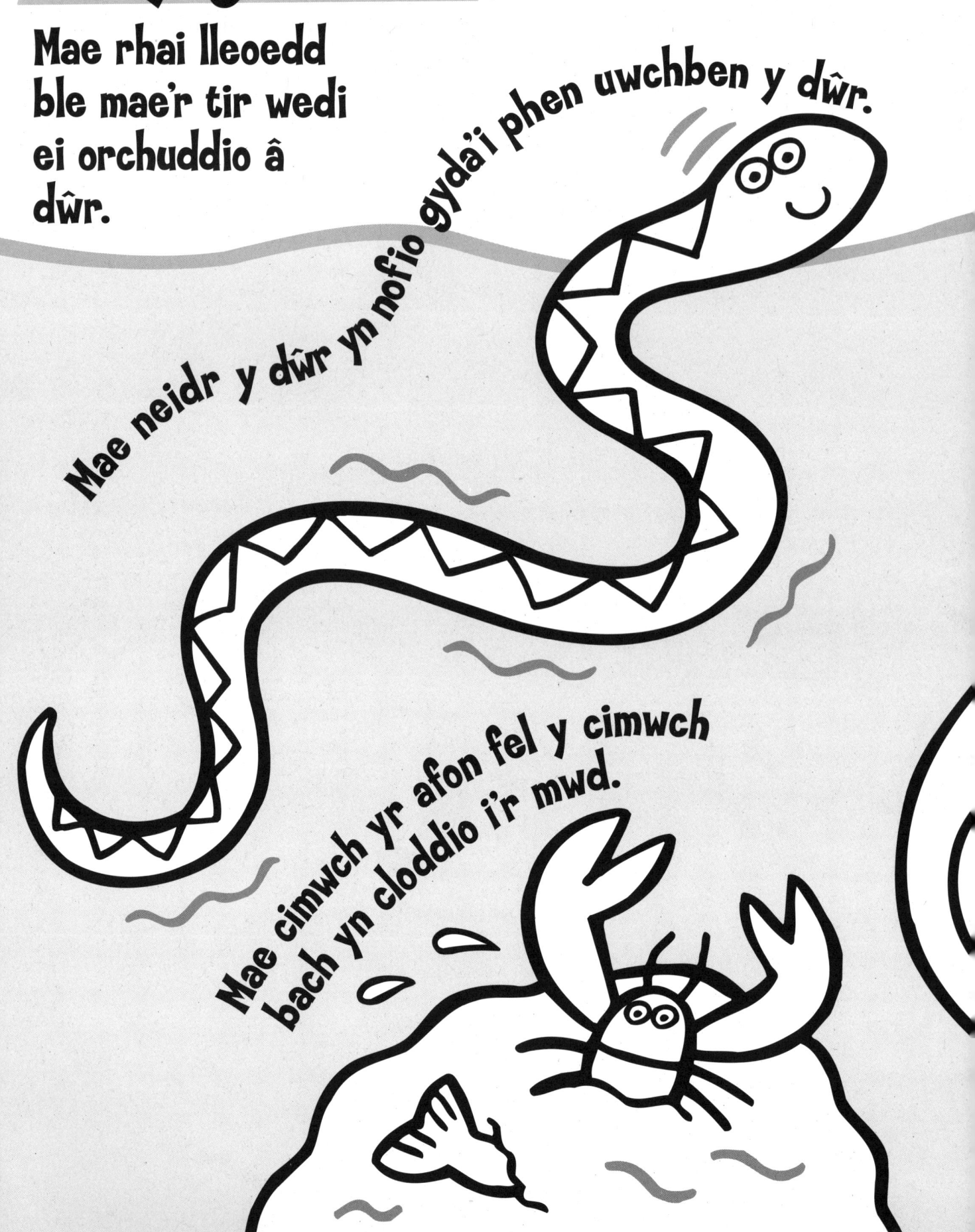

Mae neidr y dŵr yn nofio gyda'i phen uwchben y dŵr.

Mae cimwch yr afon fel y cimwch bach yn cloddio i'r mwd.

Mae'r salamandr yn edrych o'i gwmpas o'r twmpath o fwsogl.

Gyda'r nos, mae'r llyffantod yma yn America yn crawcian gyda'i gilydd.

Afonydd sy'n llifo'n gyflym

Mae'r afanc yn adeiladu argae o frigau coed helyg i wneud pwll dŵr. Wedi codi'r argae mae'n adeiladu ei gartref yng nghanol y pwll dŵr. Bydd yr afanc yn saff yma rhag y coyote a'r blaidd.

Mae'r eog yn nofio o'r môr i fyny'r afon i'r lle y cafodd ei eni. Wedi cyrraedd bydd yr eog yn dodwy ei wyau.

Beth am helpu'r eog i ffeindio ei ffordd drwy'r ddrysfa. Mae angen osgoi argae'r afanc a'r dyfrgi llwglyd.

afanc

arth

coyote

Ar lan y Mississippi

Mae banciau mwd y Mississippi yn llithrig a gwlyb.
Maen nhw'n gartref i anifeiliaid bach a mawr.
Edrychwch ar y map i weld ble mae Afon
Mississippi.

Crwban y môr gyda'i dafod hirfain yn dal pysgod.

Fydd y pysgod
yn cael eu twyllo gan
dafod hirfain crwban y môr?

Darllenwch y llythrennau ar yn ôl i ddarganfod enw'r aderyn:
s a l g   r y ë r c

Mae'r pysgod bach a physgod yr haul yn newid cyfeiriad i osgoi llygaid craff yr aderyn!

Mae Llyffant y Gwlff yn gobeithio y bydd mwy o bysgod yn dod heibio'n fuan.

Aligator!

Weithiau bydd anifail neu aderyn prin yn ymweld â'r ardd yn eich cartref. Ydych chi wedi gweld anifail neu aderyn diddorol yn eich gardd?

Ydych chi wedi gweld anifail gwyllt yn ymyl ble ydych chi'n byw? Gwnewch lun o'r anifail neu'r aderyn yr ydych wedi ei weld.

Cysylltwch y dotiau.
Pwy sydd wedi crwydro
i'r ardd?

Yn yr Amazon – lle anhygoel!

Mae dolffin pinc yr afon yn chwilio yn y dŵr mwdlyd am granc blasus.

Mae pysgodyn pacw yn dianc heb i neb ei weld.

Lliwiwch ddolffin yr afon yn binc.

Mae gan y pysgodyn yma wisgers fel wisgers cath!
Allwch chi feddwl am enw i'r pysgoden yma?

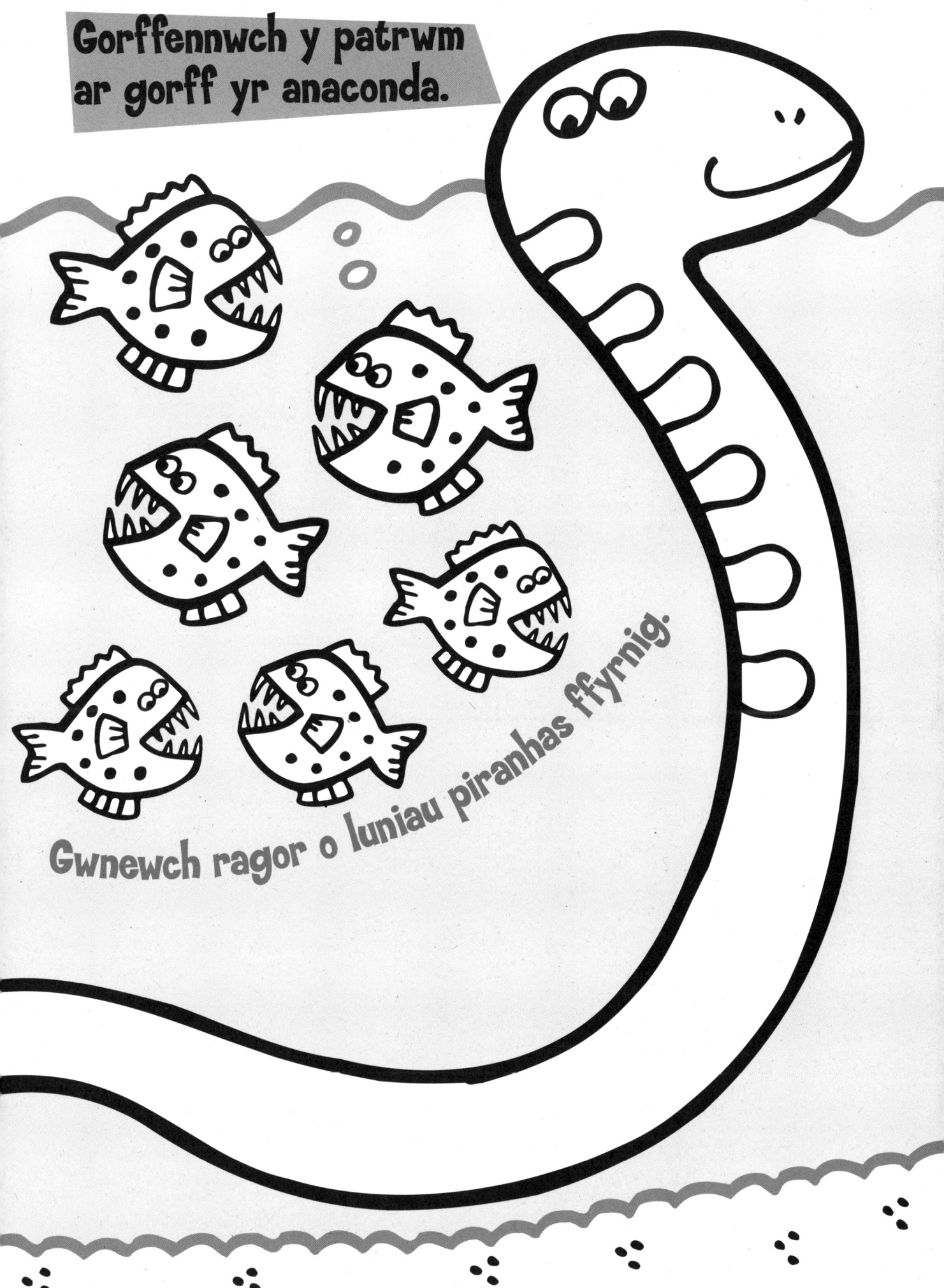

Gorffennwch y patrwm ar gorff yr anaconda.

Gwnewch ragor o luniau piranhas ffyrnig.

Pysgota yn yr afon

Mae'r alarch du yn hedfan yn isel ar draws yr afon ...

... ac mae'r pysgod yn dianc.

Tri phelican
yn pysgota ar
lan y dŵr.

Helpwch y
pysgod i
ddianc rhag
y tri
phelican.

O'r môr i'r afon

Mae rhai anifeiliaid yn mudo o'r môr. Maen nhw'n nofio i fyny'r afonydd i chwilio am gartref.

Mae'r llysywen hon o Awstralia. Mae ganddi asgell neu grib ar draws rhan uchaf ei chorff.

Rhowch smotiau ar gorff y llysywen asgell hir.

Lliwiwch y môr a'r afon.

Llyswennod ifainc yn mudo i fyny'r afon.

afon

môr

Yr afon brysuraf

Yr Afon Yangtze yn China ydy'r afon brysuraf yn y byd. Mae dwy rywogaeth mewn perygl yn byw yma. Un ohonyn nhw ydy'r aligator Chineaidd. Y llall ydy'r pysgodyn sbodol Chineaidd.

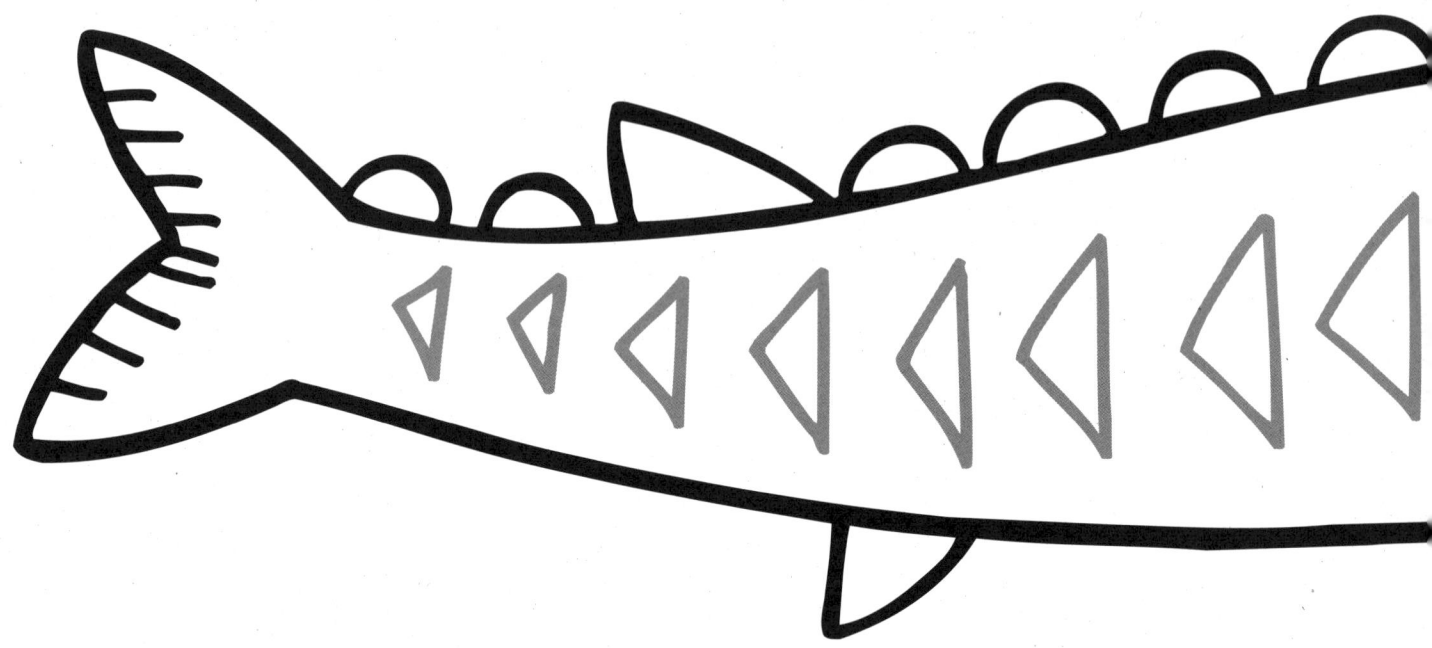

Gwnewch lun cychod a llongau ar yr afon.

Mae stwrsiwn afon sydd i'w weld yn China yn enfawr!
Mae'r stwrsiwn wedi bod yn nofio yn afonydd China ers
140 miliwn o flynyddoedd! Dim yr un pysgodyn cofiwch!

dolffin afon Baiji

Mae dolffin afon Baiji wedi diflannu
o'r Afon Yangtze ers 2006.

Mewn pyllau dŵr yn yr ardd

Mae'r crethyll (sticklebacks) yn mwynhau eu hunain mewn pyllau dŵr yn yr ardd.

malwod

Dilynwch y penbyliaid i ffeindio'r llyffant.

Mae un neu ddwy fadfall y dŵr yn rhuthro'n brysur o gwmpas y cerrig.

Pa enw ydyn ni'n defnyddio ar benbwl wedi iddo golli ei gynffon?

Berdys y dŵr yn cadw dŵr y pwll yn lân.

gweithredu

ALIGATOR Y MISSISSIPPI

Weithiau, yn ystod tymhorau sych, bydd yr aligators yn gwneud eu cartref mewn pwll nofio. Mae rhai pobl yn bwydo'r aligators yma. Mae hyn yn anghyfreithlon. Gan fod pobl yn eu bwydo mae mwy o aligators yn ymosod ar bobl. Daeth yr aligator yn anifail prin. Bu bron i'r aligator ddiflannu am byth. Bellach, maen nhw'n gwarchod yr aligator.

CRWBAN Y MÔR BRATHOG

Mae'r crwban hwn mewn perygl. Mae'r crwban wedi colli llawer o'i gynefin. Roedd pobl yn ei hela ar gyfer ei gragen. Roedden nhw hefyd yn paratoi cawl – cawl crwban y môr. Roedd pobl hefyd yn defnyddio'r crwban i wneud gwahanol fathau o saws i flasu bwyd. Hefyd maen nhw'n aml iawn yn cael eu dal gan bysgotwyr – yn ddamweiniol.

DOLFFIN AFON PINC YR AMAZON

Mae'r dolffin yma'n byw yn afonydd yr Amazonas a'r Orinoco yn Ne America ble mae'r boblogaeth yn cynyddu'n gyflym. O ganlyniad, mae nifer y dolffiniaid wedi lleihau. Mae codi argaeau ar draws afonydd hefyd wedi arwain at leihad yn nifer y dolffiniaid. Mae lefelau uchel o fercwri yn y dŵr hefyd wedi arwain at leihad. Mae'r dolffin yma bellach yn brin iawn. Mae angen ei ddiogelu a'i warchod.

DOLFFIN AFON BAIJI YN CHINA

Wrth i China ddatblygu'n ddiwydiannol mae mwy a mwy o gychod a llongau i'w gweld ar Afon Yangtze yn China. Adeiladwyd sawl argae hefyd ar gyfer cynhyrchu trydan. Gwelwyd lleihad yn nifer y dolffin. Erbyn 2006 nid oedd yr un dolffin i'w weld ar Afon Yangtze. Er gwaethaf ymdrechion i'w achub, y baiji ydy'r rhywogaeth gyntaf yn y byd i'w cholli ers yr 1950au.

STWRSIWN YR AFON YN CHINA

Mae'n debyg bod stwrsiwn yr afon yn byw yn ystod cyfnod y dinosoriaid yn China. Mae llywodraeth China yn ei amddiffyn. Mae'n cael ei adnabod fel 'ffosil byw'. Y stwrsiwn ydy'r anifail mwyaf yn Afon Yangtze. Mae'n mesur 4 metr o hyd. Mae'n cael ei drysori gan bobl China. Yn anffodus, mae'n parhau yn anifail sydd mewn perygl.

CRYCHYDD SIBERIA

Mae crychydd Siberia (Siberian Crane) yn mudo dros bellterau pell. Enw arall arno ydy crychydd yr eira. Yn ystod misoedd y gaeaf mae'n mudo i ardal y Tri Cheunant ar Afon Yangtze ble mae argaeau dŵr yn cael eu hadeiladu.
O ganlyniad i'r gwaith adeiladu mae dyfodol y crychydd mewn perygl. Mae nifer yr adar yn mynd yn llai ac yn llai.